JAC(

Quelque chose
noir

GALLIMARD

Quelque chose noir

I

Méditation du 12/5/85

Je me trouvai devant ce silence   inarticulé   un peu comme le bois   certains   en de semblables moments ont pensé   déchiffrer l'esprit dans quelque rémanence cela fut pour eux une consolation   ou du redoublement de l'horreur   pas moi.

Il y avait du sang lourd sous ta peau   dans ta main tombé au bout des doigts   je ne le voyais pas humain.

Cette image se présente pour la millième fois   à neuf   avec la même violence   elle ne peut pas ne pas se répéter indéfiniment   une nouvelle génération de mes cellules   si temps il y a   trouvera cette duplication onéreuse   ces tirages photographiques internes   je n'ai pas le choix   maintenant.

Rien ne m'influence dans la noirceur.

Je ne m'exerce à aucune comparaison   je n'avance aucune hypothèse   je m'enfonce par les ongles.

Je suis   de temps   myope   on ne peut pas me dire   regarde cette herbe   là-bas   dix ans en avant   va dans sa direction.

Le regard humain a le pouvoir de donner de la valeur aux êtres   cela les rend plus coûteux.

On ne peut pas me dire   parle et attend une seule chose de la parole   elle ne sera pas pensée.

Voilà le bout   le bout où il n'y a aucune vérité qu'une palme de feuilles en espace   avec ses encombrements.

Méditation de la certitude

La porte repoussait de la lumière.

Je savais qu'il y avait là une main. qui m'accorderait désormais tout le reste?

L'ayant vue, ayant reconnu la mort, que non seulement il semblait en être ainsi, mais qu'il en était ainsi certainement, mais qu'il n'y avait aucun sens à en douter.

L'ayant vue, ayant reconnu la mort.

Quelqu'un m'aurait dit : « je ne sais pas si c'est une main ». je n'aurais pu répondre. « regardes-y de plus près. » aucun jeu de langage ne pouvait déplacer cette certitude. ta main pendait au bord du lit.

Tiède. tiède seulement. tiède encore.

Du sang s'était alourdi au bout des doigts. comme un fond de guinness dans un verre.

Je ne le voyais pas humain.   « il y a du sang dans une main humaine ». je comprenais très clair le sens de cette proposition. parceque je contemplais sa confirmation néga-tive.

Il ne m'était pas nécessaire de me dire :   « du sang coule dans une main vivante ». chose que pourtant per-sonne n'a jamais vue. ce sang là de toute évidence ne coulait pas. ce que je ne pouvais mettre en doute. pour douter me manquaient les raisons.

Je voulais détourner son regard à jamais

Je voulais détourner son regard à jamais. je voulais être seul au monde à ne pas avoir vu du tout. cette main aurait pu ne pas être là, après tout : mais moi non plus, et avec moi disparaître le monde. ce cadeau. l'image de ta mort.

Elle avait aimé la vie passionnément de loin. sans l'impression d'y être ni d'en faire partie. malheureuse, elle photographiait des pelouses tranquilles et du bonheur familial. extase paradisiaque, elle photographiait la mort et sa nostalgie.

Pour une fois adéquation exacte de la mort même à la mort rêvée, la mort vécue, la mort même même. identique à elle même même.

Gouffre pur de l'amour.

S'endormir comme tout le monde. ce que je veux.

Je t'aime jusque là.

15

Évidemment ce n'était pas un cadeau ordinaire. celui de me livrer, à cinq heures du matin, un vendredi, l'image de ta mort.

Pas une photographie.

La mort même même. identique à elle même même.

L'irressemblance

Le résultat de l'investigation était celui-ci : le précipité des ressemblances. la toile de la ressemblance. ses fils croisés et recroisés.

Parfois la ressemblance de partout. parfois la ressemblance *là*.

Ensuite que toi et ta mort n'avaient aucun air de famille.

Cela semble simple. alors : il n'y avait plus lieu d'une réquisition difficile. d'aucune interrogation rude. simplement le bavardage douloureux. inutile. superficiel et trivial.

« Un chien ne peut pas simuler la douleur. est-ce parce qu'il est trop honnête? »

Il fallait faire connaissance avec la description.

En quelques mots ce qui ne bougeait pas.

Car cela m'avait été renvoyé reconnu. alors que rien ne s'en déduisait de mon expérience.

Tu étais morte. et cela ne mentait pas.

En moi régnait la désolation

Où ton inexistence était si forte. elle était devenue forme d'être.

En moi régnait la désolation. comme conversant à voix basse.

Mais les paroles n'avaient pas la force de franchir.

De franchir seulement. car il n'y avait pas quoi.

On se tourne vers le monde. on se tourne vers soi.

On voudrait n'habiter aucunement.

C'est le noyau habituel de l'infortune.

« Vous » était notre mode d'adresse. l'avait été.

Morte je ne pouvais plus dire que : « tu ».

Où es-tu?

Où es tu :
              qui?

Sous la lampe, entourée de noir, je te dispose :

En deux dimensions

Du noir tombe

Sous les angles. comme une poussière :

Image sans épaisseur   voix sans épaisseur

La terre
          qui te frotte

Le monde
            dont plus rien ne te sépare

Sous la lampe. dans la nuit. entouré de noir. contre la porte.

Point vacillant

Te   retournant   sans masse aucune   sans difficulté
aucune lente   vers le point   vacillant   du doute de
tout.

Je ne t'ai pas sauvée de la nuit difficile.

Tu ne dors pas   séparée de moi   étroite   et séparée
de moi.

Tu es entièrement   indemne   spirituellement et
entièrement.

Indemne   mais par poignées.

Et la grâce   difficile   des nuages   te pénètre
par le golfe de toits   entre les deux fenêtres.

Et c'est moi   maintenant   qui me tourne.

Dans la nuit borgne   sous la masse cyclope d'une lune
vacillante.

Vers le point familier du doute de tout.

Méditation du 21/7/85

Je regardai ce visage. qui avait été à moi. de la manière la plus extrême.

Certains. en de semblables moments. ont pensé invoquer le repos. ou la mer de la sérénité. cela leur fut peut-être de quelque secours. pas moi.

Ta jambe droite s'était relevée. et écartée un peu. comme dans ta photographie titrée *la dernière chambre*.

Mais ton ventre cette fois n'était pas dans l'ombre. point vivant au plus noir. pas un mannequin. mais une morte.

Cette image se présente pour la millième fois. avec la même insistance. elle ne peut pas ne pas se répéter indéfiniment. avec la même avidité dans les détails. je ne les vois pas s'atténuer.

Le monde m'étouffera avant qu'elle ne s'efface.

Je ne m'exerce à aucun souvenir. je ne m'autorise aucune évocation. il n'y a pas de lieu qui lui échappe.

On ne peut pas me dire : « sa mort est à la fois l'instant qui précède et celui qui succède à ton regard. tu ne le verras jamais ».

On ne peut pas me dire : « il faut le taire ».

Battement

Battement de la mer
    eau en mouvement   eau
        errante.   débris.   thyms.

  Orties.   contre le temps
    j'allais à ton odeur.   je m'allongeais sur ta ruine.

  Je dormais devant ton corps.

  Temps en retour   ré
    volu maintenant.   rose

  Photographique soufflée.

  Des vents   .   rose
    baie   .   rosaire

  Que ta main arrête   .
    battement   temps
qui

      de nouveau

  arrive

II

Dès que je me lève

Dès que je me lève (quatre heures et demie, cinq heures), je prends mon bol sur la table de la cuisine. Je l'ai posé là la veille, pour ne pas trop bouger dans la cuisine, pour minimiser le bruit de mes déplacements.

Je continue de le faire, jour après jour, moins par habitude, que par refus de la mort d'une habitude. Être silencieux n'a plus la moindre importance.

Je verse un fond de café en poudre, de la marque ZAMA filtre, que j'achète en grands verres de 200 grammes au supermarché FRANPRIX, en face du métro Saint-Paul. Pour le même poids, cela coûte à peu près un tiers de moins que les marques plus fameuses, Nescafé, ou Maxwell. Le goût lui-même est largement un tiers pire que celui du nescafé le plus grossier non lyophilisé, qui n'est déjà pas mal en son genre.

Je remplis mon bol au robinet d'eau chaude de l'évier.

Je porte le bol lentement sur la table, le tenant entre mes deux mains qui tremblent le moins possible, et je m'assieds sur la chaise de cuisine, le dos à la fenêtre, face au frigidaire et à la porte, face au fauteuil, laid et vide, qui est de l'autre côté de la table.

À la surface du liquide, des archipels de poudre brune deviennent des îles noires bordées d'une boue crémeuse qui sombrent lentement, horribles.

Je pense : « Et l'affreuse crème/Près des bois flottants/. »

Je ne mange rien, je bois seulement le grand bol d'eau à peine plus que tiède et caféinée. Le liquide est un peu amer, un peu caramélisé, pas agréable.

Je l'avale et je reste un moment immobile à regarder, au fond du bol, la tache noire d'un reste de poudre mal dissoute.

Méditation du 8/5/85

Soir après soir

Le vecteur de lumière traverse

La même vitre

S'éloigne

Et la nuit

L'emporte

Où tu te ranges

Invisible

Dans l'épaisseur

Le sens du passé

Le sens du passé naît
               d'objets-déjà.

Dans tous les moments évidents
                    je t'ai cherchée

Aussi dans de ténus
           interrègnes.

Cherchée qui?
          où
          es-tu?

qui?

qui, n'a plus de sens

ni quoi   (sans nom, dans nulle langue)

Je reviendrais, de quelques pas en arrière, je serais
                  dans un espace
                  différent, en un sens précaire.

Comme si le son traversant l'eau
                tombait d'une quarte.

Jusqu'à la nuit

Le téléphone ne sonne pas. S'il sonne, je le décroche. Je le rebranche ensuite au cas où il sonnerait et où je voudrais répondre. mais je réponds rarement.

L'arbre le plus à gauche, dans la fenêtre, a des feuilles si vertes qu'elles sont jaunes, de gros moineaux s'y agitent. je les aperçois à peine.

L'église, la rue, le golfe de toits à gauche de l'église composent le fond d'une image : deux fenêtres, des arbres tièdes, un catalpa? un arbre de Judée?

J'ai pris l'habitude de m'y étendre par le regard, assis sur une chaise. Sur la table j'ai posé les papiers, les livres, les lettres que je reçois et auxquelles je n'arrive pas à répondre.

Le soir quand la lumière se concentre, et avance, en oblique, parfois portant du soleil, parfois pas, jusqu'à mes pieds, je m'assieds sur cette même chaise, face à l'image.

J'y reste jusqu'à la nuit.

Pas pour regarder, j'ai déjà vu, pas pour attendre, quand rien ne viendra, juste par un geste, de continuité.

À hauteur de mes yeux, à peu près, est le point d'où a été composée l'image, la photographie, où l'on voit, ce que je vois et viens, paresseusement, de décrire, que je ne regarde pour ainsi dire plus jamais. cette image est sur le mur face à moi.

Je pourrais voir, sur le mur, distinctement cette image, je pourrais la voir, parfaitement dans la nuit même, mais je ne la regarde pas.   cette image qui te contient.

1983 : janvier.   1985 : juin

Le registre rythmique de la parole me fait horreur.

Je ne parviens pas à ouvrir un seul livre contenant de la poésie.

Les heures du soir doivent être annihilées.

Quand je me réveille il fait noir : toujours.

Dans les centaines de matins noirs je me suis réfugié.

Je lis de la prose inoffensive.

Les pièces sont restées en l'état : les chaises, les murs, les volets, les vêtements, les portes.

Je ferme les portes comme si le silence.

La lumière me dépasse par les oreilles.

Je peux affronter ton image

Je peux réellement affronter ton image, ta « semblance », comme on disait autrefois. difficilement, mais je le peux.

Dispersée entre les lumières, tes ombres.

Comptée de lieu en lieu : murs, tiroirs, ce livre :

Images de toi, ces mots.

Tes lettres.

Ton écriture, et frappe : canadienne.

Ta langue double. vue.

Mais je ne suis pas parvenu à réentendre ta voix : les cassettes du magnétophone, toutes ces heures, dites les nuits, les derniers mois.

Les autres traces, venues des autres sens, ne sont qu'en moi. Quand je trébuche dessus, j'étouffe.

34

Au matin

Je suis habitant de la mort idiote   la tête comme un
porridge

Les oiseaux s'envolent   à l'avoine noire de fumée (il
est quatre heures, il est cinq heures)

Les arbres s'habillent de fond en comble

Dans mon bol des archipels de boue noire   qui fondent

Je bois tiède

L'église, le sable, le vent irrésolu

J'avance d'une ligne, à deux doigts

Je voudrais nous coucher tête-bêche

Tes yeux sur ma bouche   à la place de ce rien.

Dans l'espace minime

Je m'éloigne peu souvent de cet endroit comme si l'enfermement dans un espace minime te restituait de la réalité, puisque tu y vivais avec moi.

À sa descente, comme à sa montée, le soleil pénètre, s'il y a du soleil, et suit son chemin reconnaissable, sur les murs, les planchers, les chaises, courbant, couchant les portes.

Je suis là beaucoup, à le suivre des yeux, à interposer ma main, sans rien faire, penser, complément d'immobilité.

Tu n'habites pas ces pièces, je ne pourrais dire cela, je ne suis pas hanté de toi, je n'ai plus, maintenant, que rarement l'hallucination nocturne de ta voix, je ne te surprends pas en ouvrant la porte, ni les yeux.

Cela qui m'occupe, entièrement, et me détourne du dehors, de m'éloigner, de quitter les chambres, les mouvements de soleil, c'est l'espace, l'espace seul, tel que tu l'avais empli d'images, de tes images, de tes étoffes, de ton odeur, de ta sombre chaleur, de ton corps.

Disparaissant, tu n'as pas été mise ailleurs, tu t'es diluée dans ce minime espace, tu t'es enfouie dans ce minime espace, il t'a absorbée.

La nuit sans doute, si je m'éveille dans la nuit, avec l'angoisse de poitrine, la fenêtre énorme, à me toucher les yeux, bruyante, la nuit sans doute, je pourrais te donner forme, parler, te refaire, un dos, un ventre, une nudité humide noire, je ne m'y abandonne pas.

Je m'abandonne à l'allongement des fenêtres, de l'église, au golfe de toits à gauche de l'église, où se lancent les nuages, soir après soir.

Je laisse le soleil s'approcher, me recouvrir, s'éteindre, laissant sa chaleur un moment, pensant, sans croire, ta chair remise au monde, ravivée.

Fins

Le soleil couche sous la porte.

De toute évidence quelque chose s'achève mais comment savoir quoi? si c'était le jour ce serait simple, mais d'une simplicité extérieure, n'impliquant que des gestes : la lampe, la fermeture des portes, le lit.

Ce ne peut pas être cela.

Je cherche un indice dans le soleil, dans la flaque de soleil couché devant la porte, qui déjà se remue, se retire.

Mourir? je ne crois pas. mourir d'ailleurs ne serait pas un achèvement. du moins pas pour moi.

Quelque chose qui est à sa fin, toute proche, au soleil couché sous la porte. je ne parviendrai pas à savoir quoi.

Je n'essayerai pas de le savoir. le soleil effacé, la nuit avertie de sa fin, je me lèverai, je fermerai les portes, les lampes, le lit.

Il y eut un temps où je n'aurais laissé se perdre le sens d'aucune fin intérieure. je serais resté dans la nuit, les mains dans la nuit, les mots.

Maintenant, vient une fin, je renonce.

III

C.R.A.Pi.Po. :
Composition rythmique abstraite
pour pigeons et poète

J'étais assis sur le banc, encore mouillé, au soleil.

Les nuages se lançaient, ombre en avant, sur l'herbe, vers les sept peupliers anglais.

Je te voyais, à la fenêtre, debout, nue, avec du soleil.

Je te regardais. le sombre. le noir. le noir rangé sur le point vivant. de ton ventre.

Je tapais du pied sur l'herbe. les douze pigeons s'élevaient d'un mètre puis se reposaient.

Je tapais du pied sur l'herbe. les douze pigeons s'élevaient d'un mètre puis se reposaient.

Je tapais du pied sur l'herbe. les douze pigeons s'élevaient d'un mètre puis se reposaient.

Je te regardais. le sombre. le noir. le noir posé épais sur le point. vivant. de ton ventre. j'étais assis sur le banc,

43

encore mouillé. au soleil. les nuages se lançaient, ombre en avant, dans l'herbe. vers les sept peupliers anglais.

Je tapais du pied sur l'herbe. les douze pigeons s'élevaient d'un mètre. puis ils se posaient.

Ludwig Wittgenstein

Le jour avant notre mariage, le 10 juin, nous sommes allés à ce cimetière de Cambridge où est enterré Wittgenstein.

Une tombe d'une seule pierre, longue, plate, sans couleur, dans l'herbe, sans ornements. une modestie féroce.

L'herbe vient dessus. graminées. à même la terre.

On lit :

LUDWIG
WITTGENSTEIN
1889-1951

À hauteur de cœur dans la pierre. la pierre pas lisse. érodée.

Tu as mis la photographie de la pierre sur le mur, sur le papier brun, sombre, japonais, du mur : un morceau de tombe est sur l'image, juste le nom et les dates, un peu d'herbe à droite, à gauche, une graminée en travers.

45

Les bords du négatif visibles, partie de l'image, une ligne de noir, arrondie.

La tombe de la photographie, prélevée de la tombe.

Je la regarde.

Un jour de juin

d'après un épithalame de Georges Perec

Le ciel est bleu ou le sera bientôt

Le soleil cille au dessus de l'Ile de la Cité

La terre entière écoute les sonates du Rosaire de Heinrich Biber

L'encre et l'image se retrouvent solidaires et alliées

Comme l'oubli et la trace

Au début des années obéissantes

Et le jais noir de la toute-jeunesse
    et la turquoise bleue de l'être-adulte

Et l'abalone jaune du néant qui ne se conçoit ni ne se dit
    et la coquille blanche de la Résurrection

S'enroulaient autour des bruits tranquilles et quotidiens

Lumière, par exemple

Lumière, par exemple. noir.

Verres.

Bouche fermée. s'ouvrant à la langue.

Fenêtre. réunion de craies.

Seins. puis bas. la main s'approche. pénètre.

Écarte

Lèvres frayées. à genoux.

Lampe, là. mouillée.

Regard empli de tout.

Une logique

Une sorte de logique pour laquelle tu aurais construit un sens   moi une syntaxe, un modèle, des calculs

Le monde d'un seul, mais qui aurait été deux : pas un solipsisme, un *biipsisme*

Le nómbre un, mais comme bougé dans un miroir, dans deux miroirs se faisant face

L'ordre dans le monde, mais avec deux commencements

Différents, inséparables

Une première distance, mais qui n'aurait pas pu être morcelée par un regard extérieur, une mesure de cette distance, mais qui n'aurait pas pu être prise sans fausser le système du *double* : un axiome d'incertitude

Dans ce monde, s'il avait pu être pensé, la pensée de l'autre, toujours, aurait été la pensée de « l'autre de deux »

La pensée de l'extérieur, dans ce monde, le nôtre alors, aurait été celle des choses apparaissant à une conscience alternant, dont seules auraient existé réellement les perceptions, utopiquement unies, tiennes et miennes, à l'intérieur de l'île du deux :

Le frigidaire, le four, les lumières faiblissantes, les cris et les bruits, enfants, sans hostilité, rumeurs, entre nous la table,   pensée,   de la cuisine.

Roman-photo

Le roman se compose d'aventures racontées dans le temps de leur avènement.

L'importance et le sens de cette contrainte ne sont pas dissimulés. Au contraire il est dit explicitement que les choses racontées se passent dans le temps où elles se racontent.

Mais ce n'est pas pour autant un journal.

Car le présent y parle présent sans être aucunement révolu. Il n'y a pas la discontinuité des dates, des pages, des regrets, du journal.

Il y a quelqu'un, un homme. Il n'est pas nommé. Il y a sa jeune femme, qui est morte.

Le roman se passe dans plusieurs mondes possibles. Dans certains, la jeune femme n'est pas morte.

Le temps est le présent. le temps de chaque monde possible est le présent.

Les bruits, les époques, même les saveurs, sont écrits à la lumière, et les nuages. C'est ce qui, plus que tout, montre le respect de la contrainte qui gouverne la composition du roman.

Quand il n'y a plus qu'un seul monde, où elle est morte, le roman est fini.

Roman, II

C'est un autre roman encore, peut-être le même.

Un homme abandonné, à cause d'une mort, reçoit un coup de téléphone. Ce coup de téléphone est un appel de la femme aimée, et morte.

Il reconnaît sa voix. Elle appelle d'un monde possible, autre, en tout point semblable à celui auquel il est habitué, avec cette seule différence que, dans ce monde, elle n'est pas morte.

Mais que dira-t-il? que s'est-il passé dans ce monde là en trente mois? que lui dira-t-elle? comment entrerait-il dans ce monde où l'horreur n'a pas eu lieu, ce monde à la mort abolie, où la lutte continue contre la mort, où ils s'obstinent à ce combat qui ici, dans le monde où il est encore au moment où il décroche l'appareil, a été perdu?

Il décrochera, et il entendra sa voix. Le monde où il est encore (le téléphone vient de sonner mais il n'a pas encore bougé la main pour répondre) sera oublié.

Ce monde n'aura pas été. Il n'aura été que comme monde possible, où ce fut la mort qui fut, et non la vie. Un monde auquel il continuera de penser tout le temps, quoiqu'il ne soit pas pensable.

Imaginant, dans son imagination, quand il sera dans ce monde, celui où elle serait morte. Mais il ne sera pas, en fait, capable de vraiment se l'imaginer.

Le téléphone ne sonne pas. Tant qu'il ne sonne pas le nouveau monde, le monde possible est encore possible. Il est encore possible que le téléphone sonne, et que la voix qui vienne soit la voix de la femme aimée, et morte. Ayant cessé d'être morte, ne l'ayant jamais été.

Le téléphone sonnera. la voix que l'homme abandonné à cause de la mort entendra ne sera pas celle de la femme aimée. Ce sera une autre voix, une voix quelconque. il l'entendra. Cela ne prouvera pas qu'il est vivant.

Roman, III

Cette année-là, les nouvelles ne furent pas bonnes. L'un mourut avant le printemps, d'un cancer du poumon. Son dernier livre resta inachevé. Il y travailla jusqu'au dernier moment.

Juste après, au printemps, un autre toussa. C'était un cancer encore, du poumon encore. Il lui rendit visite après l'opération. Il y avait un parc où attendre, parmi du soleil. En regardant la radio, on voyait très bien l'absence, nouvelle, d'un poumon : par comparaison, un manque d'ombre sur le cliché. Seul un arc noir, vers le haut.

À la fin d'août, l'homme dont nous parlons se rendit à La Bourboule chercher sa femme, pour rentrer avec elle à Paris. Il changea trois fois de train, sur de petites lignes. Il l'attendit à la sortie de l'établissement de bains et ils marchèrent en remontant la Dordogne, jusqu'en dehors de la ville, où ils s'embrassèrent. Il était onze heures du matin et trop tôt pour aller dans la chambre, à l'hôtel. Son dos s'était doré, elle respirait mieux.

En décembre, en somme, tout était encore possible. Le premier janvier de l'année suivante (l'année dont nous parlons), elle colla leurs deux noms sur la porte, avec la date en dessous, suivie d'un point d'exclamation :

19..!

Vue d'après, cette année-là lui semble presque paradisiaque : les dernières photographies, comme allégées de l'angoisse, brusquement : le bébé de Dian, les yeux de la mère, une image de Jean E., dans un contour doublé d'un reflet, sa main didactique.

Il peut interpréter cela comme une prescience, des adieux. Les images ne s'en trouvent pas alourdies.

Il se souvient de bonheurs légers, clairs, précaires. Les heures bavardes dans la cuisine, Christmas shopping in Manchester.

Les nuages tournant dans les carreaux de miroir disposés, collés contre le mur à gauche des oreillers. Les nuages, ainsi, entrant dans le golfe de toits à gauche de l'église les regardaient, ensemble, l'après-midi. Puis ils s'embrassaient.

Mais, c'est vrai, cette année-là les nouvelles ne furent pas bonnes.

La certitude et la couleur

Près de la mort écrit :   certitude, couleur.

Peut-on douter du rouge?

Cuve de cuivre et vin   vent veiné   terrasses au centre vert.   et toi?

Tu n'étais pas blanche et noire   plate.   l'étais-tu?

Tu n'étais pas découpée en rectangle dans le monde.

Cette image :   tu n'as jamais répondu sur ton regard quel après fixes-tu?   où tu me places   seul.

Moi?   quelque chose d'entièrement neuf?

Tes yeux   dans la clarté testamentaire.

IV

Je vais me détourner

Je vais me détourner et inscrire les mots de l'adresse les mots de l'adresse qui sont l'unique manière de constituer encore une identité qui soit tienne sans cloisons

Tes photographies reproduites   les phrases reproduites de ton Journal   avec sa ponctuation particulière : un.

Tes lambeaux de cadavre se défaisant   se délitant à l'anéantissement sobrement et rigidement fleurir d'aucune façon imaginable   sinon par la désuétude la résurrection de certains mots   les bibliques   n'appartenant pas à ma tradition :   deux.

Le rectangle de la pièce tapissée de papiers bruns japonais   et son agencement d'objets   le tien   à peu près intact depuis presque trente mois   où je reçois la lumière plein les mains :   trois.

Ce sont   trois fois   toi   trois des irréductiblement séparés   déplacés réels de toi   perdus en une diaspora qu'unit seule ce pronom :   toi

Incapable je suis désormais de ralentir   autrement
qu'en le prononçant   les dérives divergentes des syllabes
de ton nom qui

Quand il n'était pas pour moi cette désignation rigide
se répétait dans un monde possible   par la seule vertu
d'une

Parole   autour d'un corps vivant

Alix Cleo Roubaud.

Portrait en méditation

Les portes multiples par où passent les arguments.

Les lampes du *et* et du *ou.*

La voie moyenne au dessus de la *musique d'aéroport.*

Énormes changements à la dernière minute. Échos décimés par la neige devant la *John Rhyland's Library.*

Le muscle froissé de la parole du magnétophone.

Lentilles immanentes de la pleine lune sans souffle.

Lumières prononcées par les plantes noires.

« Sur le boulevard elle voyait.
                    Elle voyait. »

Impossible d'écrire, marié(e) à une morte.

Pexa et hirsuta

Dante appelle *hirsutes* ces cailloux pris dans les vocables et qui arrêtent le cours du vers au long de son écoulement.

Comme « les consonnes multiples, les silences, les exclamations »

Peignés, dit-il, c'est le contraire

Ta chevelure basse qui n'interrompait pas ton ventre, « peignée »

Hirsute la fragmentation de tes prénoms,

Je les disais toujours ensemble, l'un heurtant l'autre : Alix Cleo.

Où le signe voyelle manquant était celui de : ' nue '.

Ce qu'il y avait d'hirsute dans ta nudité n'était pas ta chevelure basse très noire autour de l'humide où la langue passait en t'écoulant

Pas ta nudité mais ton nom. Au milieu de jouir de toi le dire.

Mais voilà : à ce moment
(portrait en méditation, II).

« Mais voilà : à ce moment je pensais à tout autre chose. »

Sous les yeux de l'amour. malheureux : raté!

Ne parle pas, ne proteste pas, ne pense pas, transparente ou pas, belle ou négligeable.

Même si c'était sous la pensée du soleil.

L'authenticité de l'image n'est pas niée, mais bougée. Ce qui est complète ce qui se montre mais maintenant le nie.

L'instant de la mort chargé par l'invisible.

« Dire est la nostalgie de montrer. »

Irréductiblement exilée de ma vue. de ton image.

Qui, elle, ne dira plus rien.

Mort

Ta mort parle vrai. ta mort parlera toujours vrai. ce que
parle ta mort est vrai parcequ'elle parle. certains ont pensé
que la mort parlait vrai parceque la mort est vraie. d'autres
que la mort ne pouvait parler vrai parceque le vrai n'a pas
affaire avec la mort. mais en réalité la mort parle vrai dès
qu'elle parle.

Et on en vient à découvrir que la mort ne parle pas
virtuellement, étant ce qui arrive, effective au regard de
l'être. ce qui est le cas.

Ni une limite ni l'impossible, dérobée dans le geste de
l'appropriation répétitive, puisque je ne peux aucunement
dire : c'est là.

Ta mort, de ton propre aveu, ne dit rien? elle montre.
quoi? qu'elle ne dit rien. mais aussi qu'en montrant elle
ne peut pas non plus, du même coup, s'abolir.

« Ma mort te servira d'élucidation de la manière sui-
vante : tu pourras la reconnaître comme dépourvue de
sens, quand tu l'auras gravie, telle une marche, pour

atteindre au-delà d'elle (jetant, pour ainsi dire, l'échelle). » je ne crois pas comprendre cela.

Ta mort m'a été montrée.   Voici : rien   et son envers : rien.

Ni ce qui arrive ni ce qui n'arrive pas. tout le reste demeurant égal.

Dans ce miroir, circulaire, virtuel et fermé. le langage n'a pas de pouvoir.

Quand ta mort sera finie. et elle finira parcequ'elle parle. quand ta mort sera finie. et elle finira. comme toute mort. comme tout.

Quand ta mort sera finie. je serai mort.

Morte

Devenue identique.

Dire de toi : dire tout rien.

Existante dans l'au-moins-deux, visible d'un état-des-choses, à chaque moment enfin nommée, renommée, belle, telle :   mais plus.

Je ne te nomme plus que comme incolore.

Sans le redoublement de réel qui supportait la désignation.

Infini ta nomination pure, amour de loin, ni vraie ni fausse.

Disparue de l'extérieur, des arbres formes vides, des airs, des pluies.

Disparue de l'intérieur, du baiser,   vérité vide.

Disparue.

Portrait en méditation, III

Endormie de son absence absolue   éveillée dans son
absence intermittente

Son jean, ses seins, ses chaussettes, ses fesses, ses baskets

Ceci est une aventure sentimentale

Corps si propre : si toutefois elle criait

Rien qu'une douleur mentale traversant Paris désert
(août)

La musique, tout de suite nue : sa chemise, ses seins, son
jean, ses fesses, ses chaussettes, ses baskets (blancs)

Docilement, mais totalement par hasard

Dormir, jouir, parler nue, peut-être

Inaudible

Portrait en méditation, IV

Laisserait voir : les blancs entre les morceaux.

Se tairait le plus possible, manquant de consistance, grisaille.

Se taire par la photo : aphorismes.

Se perdre dans le brouillard précédent.

Séduire dans une langue étrangère.

Surveiller ses entrées (entries).

Mettre le merveilleux dans sa poche.

Construire d'objets hétéroclites (une stratégie).

Mémoire infiniment tortu euse.

r

Portrait en méditation, V

Tu n'y *touches* pas, ne change aucun mot.

Pas de point de vue imprenable sur le passé.

Rêves féminins, chiffonnés.

Qu'est-ce qui meurt, quand on meurt?

Coincée entre deux pages confinées entre ton sommeil et le mien.

' Non-contact ' des vêtements moralisés.

Quelle différence, aucune, entre l'art le plus prétentieux et les couchers de soleil? la ' poésie ' du coucher de soleil : à vomir.

Les configurations comptaient seules.

(tout le reste fut et resta blanc)

v

Méditation de l'indistinction,
de l'hérésie

à Jean Claude Milner

Il y a trois suppositions. la première, ce n'est pas trop d'y mettre un ordre, c'est qu'*il n'y a plus.* je ne la nommerai pas.

Une deuxième supposition, c'est que *rien ne saurait se dire.*

Une autre supposition enfin, c'est que *rien désormais ne lui est semblable.* cette supposition destitue tout ce qui fait lien.

De certaines de ces suppositions se déduisent, sans pertinence, des propositions comme chaîne.

De ce que rien désormais ne lui est semblable on conclura qu'il n'y a que du dissemblable et de là, qu'il n'y a aucun rapport, qu'aucun rapport n'est définissable.

On conclura à l'impropriété.

75

Tout se suspend au point où surgit un dissemblable. et de là quelque chose, mais quelque chose noir.

Par la simple réitération, *il n'y a plus,* les touts se défont en leur tissu abominable : la réalité.

Quelque chose noir qui se referme. et se boucle. une déposition pure, inaccomplie.

Méditation à l'identique

Précarité, intérieur, et fenêtre d'inquiétude
Où la dalle, perspective, et rayon, pend

Et au large, et au long, et au profond, s'étend
En tout ce qui est noir, cadavre, et fuite.

Par chambre, et nombre, et compacité, je doute
Ce que ni double, ni clarté, ni figure, ne comprend

Cette mesure, et clôture, et stèle, vif, qui tend
Plus haut que l'étanche, et l'impur, et l'admissible.

Sommeil comble   distance séchée   gisant dominant et
noir

Accident   arrachement   écran inique
Intervalle   pierre passive   rebord.

Vous ne me rendrez pas la condition imaginable

Vous ne conjoindrez pas devant mes yeux les pierres

Vous ne ferez pas que le nulle part je ne voie.

Mort singulière

Et pourquoi faut-il une image?

Pourquoi, insensible à l'affirmation comme à la néga-
tion, dans le monde, insistante, subsistante, indestructible,
pure répétition, même de rien, une image?

Pourquoi faut-il *cette* image?

Le monde s'est peuplé d'objets incolores, apatrides,
noyau dur sur lequel la négation n'avait prise qu'au
deuxième tour une fois la couleur vidée, les mouve-
ments, etc...

Mais à être-ainsi avais tu encore une définition?

Pas une définition terminée, pas une fin de conformité
à ta définition, pas une désignation coupée, un nom coupé.
pas.

Entouré d'images de toi, choisies par ton regard. choisies
et par ta pensée éclairées. pensée de l'argent du noir.
dispersé en images de toi.

Ce n'est pas que tes images se dérobent. ce n'est pas qu'elles soient nombreuses, et mentent, pour rien. mais que je ne pourrai jamais en savoir plus.

Tu disais : « le singulier est idiot ».

Méditation de la pluralité

La mort est la pluralité obligatoire

L'éparpillement, la variété,   pour la poésie de la méditation étaient signes de mort (Sponde)

De la chute, de la perte

Là se nouaient la mélancolie et le miroir

« Que suis je donc? un furieux Narcisse. »

Dépliée, démultipliée, immobile, l'image, dénombrée jusqu'à quelques fois, puis, comme coudée par la profondeur

Pour le miroir pur, et *ses* yeux, le regard irait infiniment, et la perte, là, serait certaine

Quelque grain, quelque tain, quelque courbure, dans le miroir réel, dans les yeux réels, cela finit toujours en quelque mélange obscur. mais le mélange, aussi, est la mort.

« Sale vie, sale vie mélangée à la mort. »

Scénario de la méditation

L'écoulement de l'attention est souhaité ralenti

Énumération des points. ils ont été mémorisés. ils ont passé par la nuit, du sable : quelques globules abstraits, accompagnant des paroles, moyennes étendues de mots, le tout posé sur les portemanteaux d'images, sans rapports apparents

On les cherchera une à une, un à un

Ce qui fait qu'il y a aussi nécessairement des déplacements

Dans un espace qui serait idéalement étendue vide et grise

Mais souvent   tu es là : tes yeux qui ne voient pas tes jambes   qui ne s'ouvrent pas ne se ferment pas

Tu es posée dans l'étendue vide et grise entre les stations de temps méditatif

Et la moindre distance devient infranchissable

Méditation des sens

On y descend par une spirale, une damnation.

De la vue, à la voix.   de la voix, au souffle, parfum, odeurs.

De l'odeur au goût : mordre, enfoncer, salives.

Fonds du puits, intérieur ultime est le toucher.

Le toucher absolu du corps. la jouissance et la décomposition.

Le toucher des mains, de la chair, la coexistence en un même lieu mental, en un même corps des corps, le dire dans la bouche, le goût, le souffle, l'entrelacement qui respire pénètre.

Pour la méditation des cinq sens, là était la recollection de mortalité

82

Si la distance évanouissante des deux corps, brûlant de leur infiniment présente brûlure : paradis veillant sur son envers.

Toutes stations que maintenant je descends en enfer, par le souvenir.

Théologie de l'inexistence

Au rebours de la négation de toi, ceci, ton souvenir pillé.

Mais si je m'enfonce dans cette *via negativa*, la figure que je vais découvrir n'est pas haute, et je n'espère aucune révélation

Je n'appelle pas à la survie ton être de non morte

Je n'ai pas l'intuition de te reconnaître, attendant, dans quelque entre-monde

Il y a ton nom. je me peux le dire. je peux rayer la biffure qui le barre, en lettres, pesantes du lieu

Tu m'as laissé une image empreinte de toi, dans le rectangle même de réel qu'elle présente, et tu y apparais à l'endroit où seule tu es absente. ainsi

Du révolu je me fais une vérité

De ne pas rester acceptant que tu n'es pas, le silence

Mais ignorant, ignorant ce que serait le contraire du rien de toi

Méditation de la comparaison

Il pourrait me venir à l'esprit de te comparer à un corps noir, rayonnant d'une distance énorme, quasi infinie, une sombre lumière qui n'arrête pas de me parvenir.

Pénétrant mon sommeil comme les rayons X la chair, ma veille comme une couche de nuages est traversée d'innombrables et véloces radiations.

Je le pourrais mais je ne m'y résigne pas.

Je m'acharne à circonscrire *rien-toi* avec exactitude, ce bipôle impossible, à parcourir autour, de ceci, ces phrases de neuf que je nomme poèmes.

Avec tout le mécontentement formel dont je suis capable au regard de la poésie

Entre les mois de silence où je ne me prolongeais que muet.

Et le futur proche où je me tairai de ces poèmes avec absolue incompréhension.

Car pousser la moindre de ces lignes noires sur le papier jusqu'à son bout, son retour, veut dire que d'un instant à l'autre je vais me mettre à verser dans un second silence.

Et qu'entre ces limites étroites je dois essayer de me tendre et te dire, encore.

Apatride

Les êtres paradoxaux, apatrides *(heimatlos)* de Meinong, qui échappent au principe de non-contradiction ne sont pas les seuls êtres sans univers

Les êtres passés et révolus, parlés présents, affirmés présents par l'adresse, ne sont pas plus quelque part (je veux dire en quelque construction) possibles

Et pourtant il ne m'est pas envisageable de me passer de dire « toi »

En te nommant je voudrais te donner une stabilité hors de toute atteinte

La négation de toi alors s'opposera non à l'affirmation (tu n'es pas) mais au néant qui est avant ma parole

Te nommer c'est faire briller la présence d'un être antérieur à la disparition

Donner au même moment à cette disparition un statut autre et plus que la pure, que la simple absence, un statut second

Ton nom est trace irréductible. Il n'y a pas de négation possible de ton nom.

Ton nom ne se supprime pas (mais il restera sans description, qui viendrait briser cette solidité pour en faire un énoncé malléable, moins exigeant, veule, dérisoire, et, pour tout dire, faux).

VI

Cette photographie, ta dernière

Cette photographie, ta dernière, je l'ai laissée sur le mur,
où tu l'avais mise, entre les deux fenêtres,

Et le soir, recevant la lumière, je m'assieds, sur cette
chaise, toujours la même, la regarder, où tu l'as posée,
entre les deux fenêtres,

Et ce que l'on voit, là, recevant la lumière, qui décline,
dans le golfe de toits, à gauche de l'église,   ce qu'on
voit,   les soirs, assis sur cette chaise, est, précisément,

Ce que montre l'image laissée sur le mur, sur le papier
brun sombre du mur, entre les .ieux fenêtres, la lumière,

Avance, en deux langues obliques, coule, dans l'image,
vers le point exact où le regard qui l'a conçue, le tien,
a conçu, de verser indéfiniment de la lumière vers qui,
moi, la regarde,

Posée, au cœur, de ce qu'elle montre,

parcequ'en ce cœur, le cœur de ce qu'elle montre, que
je vois, il y a aussi, encore   l'image elle même, contenue

en lui,   et la lumière, entre, depuis toujours, depuis le golfe de toits à gauche de l'église,   mais surtout il y a, ce qui maintenant manque

Toi.   parceque tes yeux dans l'image, qui me regardent, en ce point, cette chaise, où je me place, pour te voir, tes yeux,

Voient déjà, le moment, où tu serais absente, le pré-voient, et c'est pourquoi, je n'ai pas pu bouger de ce lieu-là.

Envoi

S'attacher à la mort comme telle, y reconnaître l'avidité d'un réel, c'était avouer qu'il est dans la langue, et dans toutes ses constructions, quelque chose dont je n'étais plus responsable.

Or, c'est là ce que personne ne supporte plus mal. Où sont les insignes de l'élection individuelle, sinon en ce qu'un ordre vous est obéissant, avec ses raisons de langue.

La mort n'est pas une propriété distinctive, telle qu'à jamais les êtres qui ne la présenteraient pas, à jamais s'excluraient des décomptes.

Ni les Trônes, ni les Puissances, ni les Principautés, ni l'Âme du Monde en ses Constellations.

Cela pourtant que tu t'efforçais de frayer, par photons évaporants, par solarisation de ta nudité précise.

La transcription réussie, l'ombre ne devait être nulle part appuyée plus qu'en ce lieu où le soleil avait poussé l'évidence jusqu'au point de conclure : le lit, de fesses qui s'écartent en brûlant.

Or, et c'est là ce que personne ne tolère plus mal, l'écriture de la lumière ne réclame pas l'assentiment.

Pour qui sait lire, seuls les limbes de l'entente.

Et le soleil, qui t'empaquetait entre deux vitres.

Nuages

Simplicité de l'être   distinction numérique   connais-
sance du soir

Formes soustraites à l'hésitation

Nature initiatrice, dans la lumière hiérarchique

Purifications   illuminations   perfections

Contemplations   imitations sous les trois modalités

Perceptions délibérations décisions

Réceptions révélations union

Conformité descendante

Gloires.   équivalents.

Pinceau lumineux

Dans la couleur inatteignable

Dans l'attente   inatteignable   de la couleur

De la ligne qui fraye   le visage

Dans le gel   blanc   le gel noir

L'attente d'argent   de l'œil de sels d'argent

Platine   sépias

Le battement des mouettes du blanc et du noir

La ligne   fumant de la lumière   terreur   écrite à
la lumière   s'arrête   exacte   là

Où tu deviens noire

Énigme

d'après Abraham de Vermeil

Sans être maintenant   sans lieu   sans poids   sans dire
  Sans parenté vivante accrochée au regard

  Sans acide rouillée   sans courbe de la mer
  Sans ligne ou sans couleur   qui touche   ou trouble
   ou vibre

Les nuages me cachaient   et le jour me retire
  Ma mère me fit droite   et mon père à l'envers

  Le soleil me lia de porte claire et noire

  La nuit m'évapora   de sa sonde de vitre

Le néant maintenant m'a coupé de la main
  Qui me constituait de visages germains

  Une proximité   pleine de plusieurs mondes

Devine, si tu peux,   quelle encre était-ce là
   Qui grise me vomit et noire m'avala

   Qui me prit dans ces yeux me conférant à l'ombre.

Art de la vue

La netteté, la décision extrême de l'intention visuelle

Sans aucun doute cette absence d'hésitation est liée à l'ubiquité photographique, qui fragmente chaque mouvement en une séquence de gels

Mais du froid de l'immobilité acquise dans le sel la chaleur du corps solarisé s'évapore comme la sueur brumeuse au dessus des chevaux dans l'hiver new-yorkais de Stieglitz

D'un côté le littéral, l'absolutisme maniériste, les rayons lumineux conduits, forcés comme, à l'écrire

De l'autre, sur fond minimal géométrique (donné) le geste de tenir l'appareil sur la poitrine (contre le cœur, les seins) la pose nocturne interminable, aux seules étoiles, « quinze minutes la nuit au rythme de la respiration »

Image avalée par le souffle

Il n'y a pas la moindre peur dans ces regards

Pas dédoublée en se prenant soi même comme « modèle ». parceque vue, seulement, comme après-morte.

Opus posthumus, toujours, jusqu'à la finale extrémité

Affirmation de conformité

Il n'y a pas d'images que déclaratives, assertives, finies,

Hors temps, hors personne, hors circonstances, vérités
proférées comme telles,

Propositions sentencieuses,

Ainsi, insupportables, dans mes mains,

Brûlent de leur valeur de vérité,

Arguments d'autorité du temps,

Le soleil qui rebondit de tes seins,

La lumière qui s'implique à ta peau,

Et mon esprit compte,   et refuse

« Toutes les photographies sont moi »

«

Périssables, sentimentales, moi-même périssable

Tout ce qu'on risque de perdre. te le donner. tu vas le perdre.

Je ne ressemblerai pas toujours au monde.

J'ai été le monde, moi aussi.

Ressemblante, à s'y tromper.

Je ne dissipe pas l'ombre de l'oubli. je m'essaye à briller d'éclat hors la mémoire. contrebande indiscernable du souvenir pur.

Entre, assiste à mon enfance intérieure, au deuxième côté du temps.
»

Cette photographie, ta dernière

Cette photographie, ta dernière, je l'ai laissée sur le mur, entre les deux fenêtres, au-dessus,

De la télévision désaffectée, et le soir, dans le golfe de toits à gauche de l'église, quand la lumière,

Se concentre, qui en même temps, s'écoule, en deux estuaires obliques, et inchangeables, dans l'image,

Je m'assieds, sur cette chaise, d'où l'on voit, à la fois, l'image intérieure la photographie, et autour d'elle, ce qu'elle montre,

Qui seulement, le soir, coïncide, par la direction de la lumière, avec elle, sinon en cela, qu'à gauche, dans l'image, tu regardes,

Vers le point où je m'assieds, te voir, invisible maintenant, dans la lumière,

Du soir, qui pèse, sur le golfe de toits entre les deux fenêtres, et moi,

Absent de ton regard, qui dans l'image, fixe, la pensée de cette image, dédiée à cela, les soirs de maintenant, sans toi, au point,

Vacillant du doute de tout.

VII

Maintenant sans ressemblance

Maintenant sans ressemblance

Sans même temps   sans infini

Sans tain noir et entre, pleine main sombre de poils

Maintenant sourde ayant cessé d'être nue   ayant cessé
d'être femme   ayant cessé

Maintenant qu'il n'y a rien à voir   rien   la ressem-
blance

Ne délire et désire

Maintenant tu ne te retournes pas

Sur ma main   ni un gant ni une sueur

Pour des lampes autour de nous grands évangéliques

Dans cette lumière

Exclu, dans cette lumière, sans objet.

Il se trouva que la lumière, s'accordant à cette chose déjà, qui existait, en même temps te déniait l'existence.

Il y avait ce visage qui baignait dans un infini espace. je savais qu'il y aurait toujours ce visage et cet infini espace.

Cette couleur n'avait pas besoin d'être   ce sang n'avait pas besoin d'être si lourd.

L'inaltérable, le subsistant,   rien.

morte   pendant cet état   de la lumière

L'image, sortant, t'atteignait

Tombée là, comme un instrument de mesure

Il était devenu impossible de dire

Un nuage.

Cette région

Cette région : les réflexions sont incomplètes, les surfaces réfléchissantes ne retiennent pas, ne brouillent pas, n'affaiblissent pas, seulement suppriment, par grands pans.

Les fragments qui sont perdus sont peut-être rangés dans des placards, dans des archives, mais les codes, les clefs, sont enfermés alors eux aussi.

Je ne m'efforcerai pas d'obtenir la restitution.

Cette région : devant le Ministère de la Marine dessiné avec une précision maniaque, innombrables, les oiseaux, s'envolant en alignements parfaits, noirs.

De l'engloutissement à la réflexion seul le nom reste inaltéré.

Au début, cela semblait loin. maintenant plus.

Cette région : région, par manière de dire, paysage moralisé, par descriptions définies, bases de voisinages totalement éparpillées.

Par manière de dire, région, sentir qu'une accalmie transperce.

S'aplanit, s'érode, se banalise.   jusqu'à ce qu'une bêche, lumière, la retourne au plus profond.

Dans cette lumière, II

Ton état, hors lumière, ne peut pas être pensé   cela veut dire que je ne peux pas penser sa trace en moi même.

Réunion perceptible de lumières   une proposition d'être, toi.

Ne te mélange pas   hors la lumière.

Le trajet de ma vue en vint à s'arrêter quelque part car si cette image, à jamais devait me taire,   ma vie lui appartiendrait au point d'être, une fois pour toutes, arrêtée en elle.

Les lumières changeaient   pas ton obscurité.

Aucune chose ne se comportait plus comme si la lumière avait un sens.

Trajectoires frayées, dans le noir, de la lumière   chaque lumière continue, frayant, vers moi, dans le noir.

Au fond des jambes ouvertes, cette tache sombre.

Cela ne changea pas.

L'histoire n'a pas de souvenirs

L'histoire n'a pas de souvenirs.

Chaque image de toi – je parle de celles qui sont dans mes mains, devant mes yeux, sur les papiers – chaque image touche la trace d'une reconnaissance, l'illumine,

Mais elle est pourtant révolue, elles sont révolues, chacune et toutes, ne constituent en leurs configurations aucune vie, aucun sens, aucune leçon, aucun but.

Ta voix se déplaçant en bruissant dans le magnétophone, j'entends les efforts de ton souffle, dans la nuit, devant le magnétophone à ton lit.

Je l'entends après des centaines de nuits inchangée et pourtant il n'y a rien en elle d'un présent, rien que la magie mécanique ait pu, par la mimésis en limailles, translater d'aucun de tes moments, pleins, séparés, difficiles de souffle, révolus, pour être là en ton nom, comme un recours.

Et c'est pourquoi peut-être, tu es en elles, vue, et voix, le plus irrémédiablement, morte.

Et c'est pourquoi aussi la vie qui te reste, s'il te reste, est imprimée en moi, suaire, entremêlée en moi, refusant de se défaire.

Et de céder comme ta chair à la complaisante décomposition non imaginable, et de s'immobiliser comme l'image et la parole dans les parenthèses documentaires. Cette vie qui est cela :

Ton odeur, ton goût, le toucher de toi.

Dans cette lumière, III

Regarde
            récente, la chaleur   s'éloigne
      la lumière,   vire au noir

Regarde
            un monde   effondré comme un échafau-
      dage

L'image interne,   et *celle là*   se contredisaient
      mais je ne pouvais plus montrer, ni déduire.

Regarde
            non sens   la lumière
      nuage   et sa forme   qu'il renie

Il me passait devant les yeux des séquences vitrifiées mais
égales, en désaccord violent avec ton immobilité

Regarde
            la durée, râteau comparse, des secondes, des
      années,

114

Dalle de nudité

Transparence, négative

Regarde
        la lumière rampante, qui te recouche.

Pornographie

Un souvenir peut-il être pornographique?

Il faudrait qu'une pornographie puisse ne pas être publique, être sans tiers, puisqu'un souvenir ne s'écrit pas, ne se montre pas, ne se dit pas. être sans voyeurs.

Je ne suis pas nécrophile, je ne désire pas ton cadavre. je ne sais pas ce que c'est. si c'est. je t'ai vue morte. je ne t'ai pas vue cadavre.

Pourtant je désire.

Ces souvenirs sont les plus sombres de tous.

Ils font la violence la plus grande au principe de réalité.

J'enfonce, en plein jour, dans ces embrasements.

Tu bouges, tu respires.

Mais le silence y est absolu.

Dans cette lumière, IV

Située
        dans l'entre-monde,   insistant,
   en ton nom propre

' pas autre '   mon amour
    inapprochable

Sans couleur   dors   furieusement

Image   ta seule   patrie

Amour   plus rien que pure
    répétition

Rôde, insiste, subsiste,
    sur les papiers

Devenue
        redondance du visible

L'étendue te surprendra

Et ma voix, en vérité, retourne,
       par ces mots, à ton image, qui d'elle même,
  ici, les pose.

Mort réelle et constante

À la lumière. je constatai ton irréalité. elle émettait des monstres. et de l'absence.

L'aiguille de ta montre continuait à bouger. dans ta perte du temps je me trouvais tout entier inclus.

C'était le dernier moment où nous serions seuls.

C'était le dernier moment où nous serions.

Le morceau de ciel. désormais. m'était dévolu. d'où tu tirais les nuages. et y croire.

Ta chevelure s'était noircie absolument.

Ta bouche s'était fermée absolument.

Tes yeux avaient buté sur la vue.

J'étais entré dans une nuit qui avait un bord. au-delà de laquelle il n'y aurait rien.

VIII

Je ne peux pas écrire de toi

Je ne peux pas écrire de toi plus véridiquement que toi-même.

Ce n'est pas que j'en sois incapable par nature, mais la vérité de toi, tu l'as écrite.

Et parceque tu écrivais pour n'être lue que morte, parceque je l'ai lue, toi morte, et faite mienne, cette vérité est la plus forte de toutes.

Je ne pourrai pas aller au-delà.

Ce que je détiens de toi, et qui me concerne seul, n'est pas de l'ordre de la vérité mais de la physique :

Toucher de genoux à front, goût de bière sur la langue, parfum aux bras, dessous, vue et voix, de loin, m'embrasent : circuits qui ne s'oblitéreront pas. pas encore.

Cela n'est qu'à moi, et pour cause.

Je n'écrirai de toi que de ma propre hauteur.

Ou bien je m'allonge et fais ombre.

L'idée de ce lieu

L'idée d'être, morts, en un même lieu.

L'idée des deux noms sur une pierre.

L'idée de la proximité des alliances. on peut imaginer les attacher, même.

Tout cela d'une durée limitée, symbolique quoique (au sens le plus courant)

Une visite dominicale au cimetière parisien de Thiais. en semaine parfois : on est mieux seul.

Ponctuation vide. il y a des fleurs ou il n'y a pas de fleurs. il pleut ou il ne pleut pas. c'est un trajet long, le métro, un autobus.

J'y vais mais je ne parviens pas à le penser.

Je ne constate pas de douleurs complémentaires.

J'ai plus mal, les nuits.

« Ce même c'est ta mort et le poème »

Ce même ce n'est pas la mort mais le révolu

L'image le rencontre encore une fois

Encore une fois solaires jambes et ventre

Avec sa brousse et brosse noire

Avançant minuit tout à l'écume

De ta moyenne profusion et noire et brune et vaine

Ce même n'est pas la mort et la poésie

N'en sait rien les mots sont devenus

Comme des stèles   et les sens contingents

Dialogue

Je n'ai jamais pensé à un poème comme étant un monologue parti quelque part de l'arrière de ma bouche ou de ma main

Un poème se place toujours dans les conditions d'un dialogue virtuel

L'hypothèse d'une rencontre   l'hypothèse d'une réponse l'hypothèse de quelqu'un

Même dans la page : la réponse supposée par la ligne, les déplacements, les formats

Quelque chose va sortir   du silence, de la ponctuation, du blanc   remonter jusqu'à moi

Quelqu'un de vivant, de nommé :   un poème d'amour

Même quand l'omission, l'indirection, l'adresse pronominale rendent possible cette translation : qu'un lecteur soit devant la page, devant la voix du poème comme au moment de sa naissance

Ou de sa réception : lecteur lecteur   ou   lecteur auteur

Ce poème t'est adressé et ne rencontrera rien

Le ton

Il est convenu que la tonalité sera sinistre

Ou bien il sera, directement, question d'autre chose

Dans le registre lyrique, élégiaque, l'horreur culminera métriquement (mort métrique). ou bien par la disjonction et la suspension

Du moins si on écoute jusque-là, ou lit

Il est convenable de s'en tenir aux genres attendus : évocation, imprécation, futur antérieur : rituels.

Il y a ainsi des engendrements de sentiments disponibles dont je ne sais pas me servir

Je suis devant les mots avec mécontentement

Très longtemps je n'ai même pas pu m'en approcher

Maintenant, je les entends et je les crache.

Tu m'échappes

De débris de poèmes je fais ces phrases. de couleurs devenues négligeables. de jours troubles.

Dans tout souvenir se perdent les couleurs. là tu es claire ou sombre, c'est tout ce dont mon langage peut jouer.

Intérieurement tu me confines à tes photographies.

Tes couleurs m'échappent l'une par l'autre. comme tes phrases.

Siestes sépias.

Un morceau de papier blanc tient sa clarté d'un ciel où le blanc s'est lavé de gris, ayant dans le sel glissé. ce ciel plus lumineux que le papier.

En un sens pourtant il avait été plus sombre.

Ton corps ainsi. tirant toute la lumière à mes regards.

Mais serait-il correct de dire que ma vue est en défaut?

127

Univers

« Elle est vivante ». j'imagine que cette proposition, fausse dans mon univers, est vraie dans cet autre, l'univers (fictif) de sa vérité.

Pour cela il faut qu'il n'y ait pas qu'un univers. car s'il n'y avait qu'un univers, il n'y aurait pas de proposition fausse. puisque toute proposition étant soit vraie soit fausse, et toute proposition vraie dans l'univers de sa vérité, si un univers était le seul univers, elle ne saurait être fausse. mais y aurait-il alors la moindre proposition vraie?

Y aurait-il alors seulement des propositions?

Or j'ai besoin (en ce moment dont je parle) d'au moins une proposition, « elle est vivante », qui servira à ma rumination. Je suis couché sur mon lit, volets fermés (dehors c'est le matin, le soleil), je regarde des images, où elle est, autoportraits nus, images spécialement vivantes d'une nudité spécialement proche, composées pour mes yeux, en des temps de légèreté, de faims.

L'univers reste insensible à l'offre de ma proposition.

Dans l'univers de cette parole, n'existe pas « elle serait vivante », et pas plus « il arriverait qu'elle serait vivante ». seule l'affirmation sans excuse peut me restituer un instant, comme une résine, le parfum de la nudité.

La proposition « tu es morte », elle, n'a besoin d'aucun univers de discours.

Elle ne restitue aucun sens : ni la vue, ni les autres.

Ce matin, il n'est pas pensable de sortir dans le soleil.

Monde naïf

Monde naïf, montagnes d'or, chevaux ailés,

Battement du sens à la vérité,

Suspension du refus incrédule,

Volontaire,

Que tu sois là, que tu sois cela!

Je ne peux pas parler de *rien*,

Sans que ce *rien*,

Fasse effet d'un retour,

Et ne cesse qu'avec moi de m'occuper.

Aphasie

Jakobson dit que l'aphasie mange la langue à l'envers de son acquisition. Les articulations les plus récentes partent les premières.

Une bouche qui se défait commence par les lèvres.

J'ai pensé la même chose du vers. les règles du vers disparaissent une à une dans sa destruction, selon un ordre, aussi, aphasique. Comme si les poètes défaisaient leur bâtiment étage par étage. Sans le faire exploser d'un coup.

Devant ta mort je suis resté entièrement silencieux.

Je n'ai pas pu parler pendant presque trente mois.

Je ne pouvais plus parler selon ma manière de dire qui est la poésie.

J'avais commencé à parler, en poésie, vingt-deux ans avant.

131

C'était après une autre mort.

Avant cette autre mort je ne savais comment dire. j'étais comme silencieux.   Ainsi, pris entre deux ‘ bords ’ de mort

IX

Les jours

Les jours s'en vont énormément.

Peu de chose après tout.

Les arbres intersectent l'auvent désemparé.

Dans les villes, on ne sait pas qu'il y a un toit.

Une tombe, il faut se forcer pour aller voir. des cyprès auraient été un soulagement. mais de quoi?

Allée de cyprès, du ciel blanc lavande, une poignée de fusains.

Tu étais venue dans ce pays pour le soleil, dans ce pays où, disais-tu, on n'est jamais trop loin d'un hôpital.

Parfois les pollens invisibles t'étouffaient.

Parfois, les nuits, les nuages sortaient de la grande main et exigeaient ton attention.

En moi

Ta mort ne cesse pas de s'accomplir   de s'achever.

Pas   simplement   ta mort.   morte   tu l'es.   il
n'y a pas à en dire.   et quoi?   inutile.

Inutile l'irréel du passé   temps inqualifiable.

Mais ta mort en moi progresse   lente   incompré-
hensiblement.

Je me réveille toujours dans ta voix   ta main   ton
odeur.

Je dis toujours ton nom   ton nom en moi   comme
si tu étais.

Comme si la mort n'avait gelé que le bout de tes doigts
n'avait jeté qu'une couche de silence sur nous   s'était
arrêtée sur une porte.

Moi derrière   incrédule.

Ça tenait

Ça tenait. mais il voit l'éparpillement.

Abandonné aux analogies de la dispersion.

Nul n'en devrait être surpris.

La bouche tienne figée ouverte du soleil pulvérulent où il voit entrer un point noir.

À qui tient tiendra la terre congénère.

Par quoi il se passera les siècles.

Il sut alors ce que cela signifiait : défaire déchiqueter défaite.

Il voyait. du même coup les huit cents nuits suivantes se trouvèrent

Cassées par un cri continu.

Ce temps que nous avions au monde

Ce temps que nous avions au monde

Fragmenté en photographies, pour une restitution future. courte au regard. comme il fut, si court.

Sinon que plein il n'avait pas de limitations.

Lumière rétrécie par la fenêtre   condensée par la pellicule   comprimée par la porte   réfractée par la glace   rétrécie par la fenêtre   and so on.

Boucles d'une lumière et d'une musique

Glenn Gould Brian Eno Anthony Braxton

Vacillante mémoire des syllabes qui tombent d'une autre langue

Et vers nous

Quelque chose comme « n'ayant eu le temps »

Dans cet arbre

Descends et dors   dans cet arbre, dans cet arbre.

Repousse la terre   dans cet arbre, dans cet arbre.

Écope la terre   dans cet arbre, dans cet arbre.

Désinvente le noir   dans cet arbre, dans cet arbre.

Reconstruis des jambes   dans cet arbre, dans cet arbre.

Décline les poussières   dans cet arbre, dans cet arbre.

Coupe la lumière   dans cet arbre, dans cet arbre.

Emplis les orbites   dans cet arbre, dans cet arbre.

Écris, écris toi vivante   dans cet arbre.

Nonvie

Le cou serré par la corde du réveil

Le corps aggloméré au front

De durée plat désert à la mauvaise bande son

Voulant désespérément coller sa parole quelque part

Et sourire à vide devant ton noir visage

Léchant ta peau sablonneuse parfois de musique

Inclus dans l'enfer circulaire de voir et voir

Sans cesse ton visage éteint de souffle retiré

Comme à l'instant assez profond où j'ai compris

Nonvie, II

Vision nulle au fond de verre épais et brun

Gagné en surface de veines mais jamais dit

Jamais dit au champ vogueur de ta voix rabattu

Du contre-jour tâtonnant à la gorge sans fin

Peut-être cachée derrière le sol avec ça

Grand ouvert du ciel à l'éclat supportable

Au milieu de ta chair et drainant un bruit de mouches

Qui fronce sur l'horizon où il fait bleu

Une heure verticale encore mais juste tes poumons

Nonvie, III

Renonce moi œil devant et à regard

De la vague déroulée de véridique sursis

Réponse ni moi tremblement dire et s'ouvrir pour dire
quoi

Dire à qui maintenant s'ouvrir plus dans ta bouche

Sans savoir en apnée depuis ta naissance

La peau grise soudain l'ivresse de l'oxygène

La phrase pure du liquide sans dents

Loin de moi perdu pied dans l'irrespirable

Sang et jeté le linge sur la chevelure

142

Nonvie, IV

Dis le est ce que je vais mourir dis le

Mourir que je ne saurai plus dis le

Raz de marée de l'espace imperceptible

Vient raclant l'instant de la survie

Dis le de la vague de temps et de quoi

De lumières de nuages de tout ce qui fait tout

Serrant ma main écartant un peu la nuit

La porte repoussait de la lumière

J'ai reconnu ta mort et je l'ai vue

Rien

1983

ce morceau de ciel
désormais
t'est dévolu

où la face aveugle
de l'église
s'incurve

compliquée
d'un marronnier,

le soleil, là
hésite
laisse

du rouge
encore,

avant que la terre
émette

tant d'absence

que tes yeux
s'approchent

de rien

QUELQUE CHOSE NOIR

BIO-BIBLIOGRAPHIE

Né en 1932. Mathématicien.

Aux Éditions Gallimard

∈, *poésie* (1967), Poésie/Gallimard, 1988.

MONO NO AWARE : Le Sentiment des choses (cent quarante-trois poèmes empruntés au japonais), 1970.

RENGA (en collaboration avec Octavio Paz, Charles Tomlinson, Eduardo Sanguineti), *poésie*, 1971.

TRENTE ET UN AU CUBE, *poésie*, 1973.

AUTOBIOGRAPHIE, CHAPITRE DIX, *poésie*, 1977.

GRAAL FICTION, *prose*, 1978.

DORS, précédé de DIRE LA POÉSIE, *poésie*, 1981.

QUELQUE CHOSE NOIR (1986), Poésie/Gallimard, 2001.

LA PLURALITÉ DES MONDES DE LEWIS, *poésie*, 1991.

LE CHEVALIER SILENCE : une aventure des temps aventureux, *roman*, 1997.

LA FORME D'UNE VILLE CHANGE PLUS VITE, HÉLAS, QUE LE CŒUR DES HUMAINS cent cinquante poèmes, 1991-1998, (1999), Poésie/Gallimard, 2006.

SOLEIL DU SOLEIL : anthologie du sonnet français de Marot à Malherbe (1990), Poésie/Gallimard, 1999.

CHURCHILL 40 et autres sonnets de voyage (2000-2003), 2004.

En collaboration avec Florence Delay

GRAAL THÉÂTRE (1977), version intégrale revue, 2005.

Aux Éditions Gallimard Jeunesse

MONSIEUR GOODMAN RÊVE DE CHATS, *poésie*, 1994.
RONDEAUX, *poésie*, 2009.

Chez d'autres éditeurs

LA VIEILLESSE D'ALEXANDRE : Essai sur quelques états
récents du vers français, *poétique* (1978), Ivréa, 2000.
LE ROI ARTHUR : Au temps des chevaliers et des enchanteurs,
Hachette, « Échos/personnages », 1983.
LES ANIMAUX DE TOUT LE MONDE (1983), Seghers jeunesse,
1990.
LA BELLE HORTENSE, *roman*, Ramsay, 1985 ; Seuil, « Points »,
1996.
LA FLEUR INVERSE : Essai sur l'art formel des troubadours (1986),
Les Belles Lettres, 1994.
LA BIBLIOTHÈQUE OULIPIENNE (trois volumes en collabora-
tion avec Paul Fournel), Seghers, 1987-1990.
L'ENLÈVEMENT D'HORTENSE, *roman* (1987), Seuil, « Points »,
1996.
PARTITION ROUGE : poèmes et chants des Indiens d'Amérique du
Nord (en collaboration avec Florence Delay), Seuil, « Fiction & Cⁱᵉ »,
1988 ; « Points Poésie », 2007.
' LE GRAND INCENDIE DE LONDRES ', *récit, avec incises et bifur-
cations*, 1985-1987, Seuil, « Fiction & Cⁱᵉ », 1989.
ÉCHANGES DE LA LUMIÈRE, *essai*, Éditions Métailié, 1990.
L'HEXAMÉRON (en collaboration), Seuil, « Fiction & Cⁱᵉ », 1990.
LA PRINCESSE HOPPY OU LE CONTE DU LABRADOR,
Hatier, « Fées et Gestes », 1990 ; Absalon, « La reverdie », 2008.
L'EXIL D'HORTENSE, *roman* (1990), Seuil, « Points », 1996.
LES ANIMAUX DE PERSONNE, Seghers jeunesse, 1991.
IMPRESSIONS DE FRANCE, *essai*, Hatier, « Brèves », 1991.

L'INVENTION DU FILS DE LEOPREPES, *essai*, Circé, 1993.

LA BOUCLE, Seuil, « Fiction & Cie », 1993.

POÉSIE ETCETERA, MÉNAGE, *essai*, Stock, 1995.

MATHÉMATIQUE, *récit*, Seuil, « Fiction & Cie », 1997.

L'ABOMINABLE TISONNIER DE JOHN MCTAGGART ELLIS MCTAGGART ET AUTRES VIES PLUS OU MOINS BRÈVES, Seuil, « Fiction & Cie », 1997.

LA BALLADE ET LE CHANT ROYAL, *poétique*, Les Belles Lettres, 1997.

POÉSIE, *récit*, Seuil, « Fiction & Cie », 2000.

LA BIBLIOTHÈQUE DE WARBURG, Seuil, « Fiction & Cie », 2002.

NOUS, LES MOINS-QUE-RIEN, FILS AÎNÉS DE PERSONNE : 12 (+1) autobiographies, Fayard, 2006.

PARC SAUVAGE, *récit*, Seuil, « Fiction & Cie », 2008.

IMPÉRATIF CATÉGORIQUE, *récit*, Seuil, « Fiction & Cie », 2008.

LA DISSOLUTION, Nous, 2008.

ÉROS MÉLANCOLIQUE, avec Anne F. Garréta, *roman*, Grasset, 2009.

CIEL ET TERRE ET CIEL ET TERRE, ET CIEL, Argol, 2009.

'LE GRAND INCENDIE DE LONDRES' (*La Destruction, La Boucle, Mathématique : Impératif catégorique, Poésie : La Bibliothèque de Warburg*), Seuil, « Fiction & Cie », 2009.

LIRE, ÉCRIRE, OU COMMENT JE SUIS DEVENU COLLECTIONNEUR DE BIBLIOTHÈQUES, Presses de l'Enssib, 2012.

ODE À LA LIGNE 29 DES AUTOBUS PARISIENS, Attila, 2012.

DESCRIPTION DU PROJET, Nous, 2013.

DERNIÈRES PARUTIONS

Ce volume,
le trois cent soixante-sixième
de la collection Poésie,
a été achevé d'imprimer
sur les presses de CPI Bussière
à Saint-Amand (Cher), le 2 février 2014.
Dépôt légal : février 2014.
1ᵉʳ dépôt légal dans la collection : octobre 2001.
Numéro d'imprimeur : 2007713.

ISBN 978-2-07-042081-0./Imprimé en France.

265931